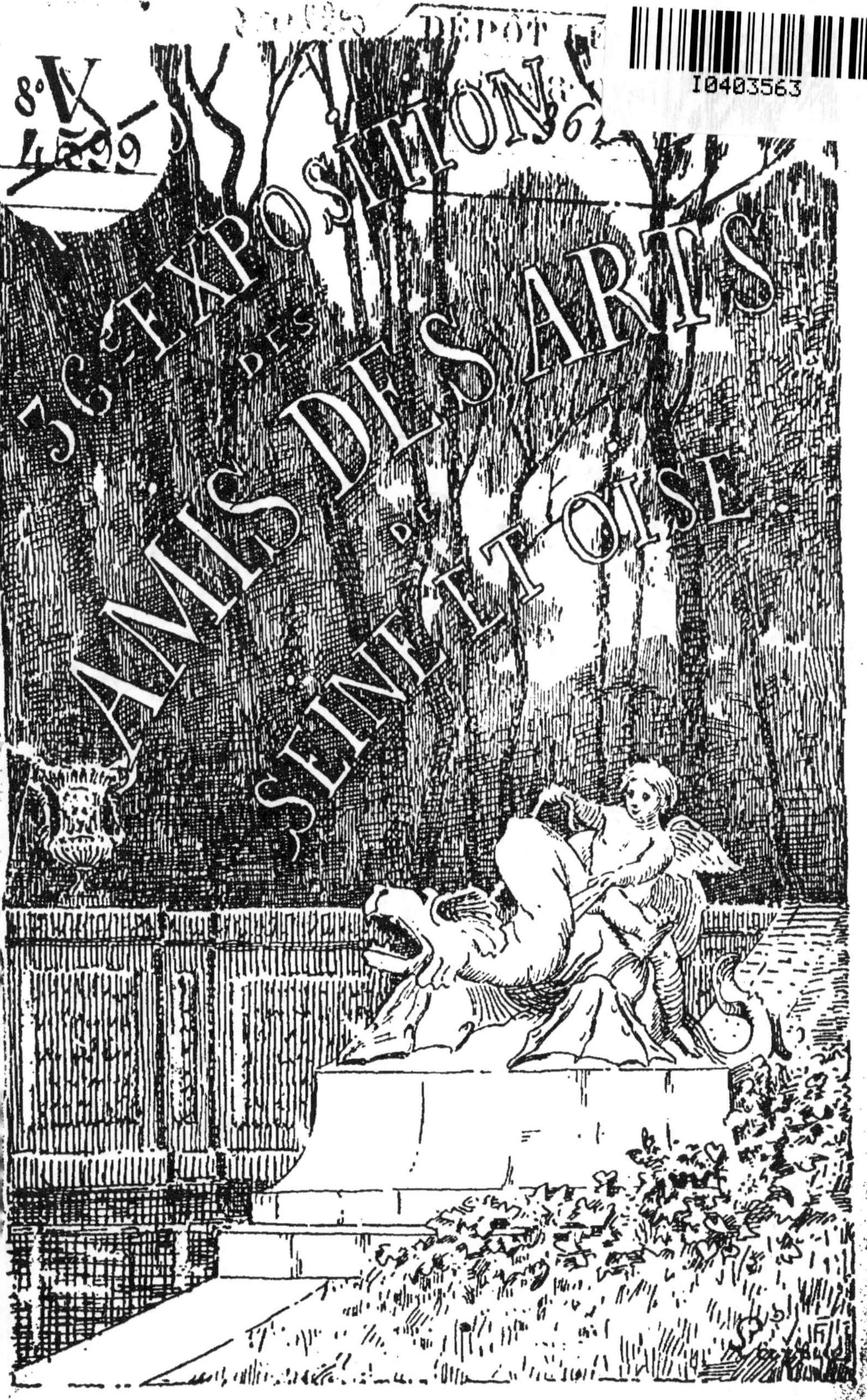
7e EXPOSITION
DES
AMIS DES ARTS
DE
SEINE ET OISE

SOCIÉTÉ DES AMIS DES ARTS

DU DÉPARTEMENT DE SEINE-ET-OISE

36e EXPOSITION VERSAILLAISE

DESCRIPTION

DES

OUVRAGES DE PEINTURE

SCULPTURE, ARCHITECTURE, GRAVURE

MINIATURE, DESSINS ET PASTELS

EXPOSÉS

DANS LES SALLES DU MUSÉE DE VERSAILLES

(Rez-de-Chaussée)

LE DIMANCHE 16 JUIN 1889

Prix : 50 centimes

VERSAILLES
IMPRIMERIE CERF ET FILS
59, RUE DUPLESSIS, 59

1889

SOCIÉTÉ DES AMIS DES ARTS
DU DÉPARTEMENT DE SEINE-ET-OISE

36e EXPOSITION VERSAILLAISE

DESCRIPTION

DES

OUVRAGES DE PEINTURE

SCULPTURE, ARCHITECTURE, GRAVURE

MINIATURE, DESSINS ET PASTELS

EXPOSÉS

DANS LES SALLES DU MUSÉE DE VERSAILLES
(Rez-de-Chaussée)

LE DIMANCHE 16 JUIN 1889

Prix : 50 centimes

VERSAILLES
IMPRIMERIE CERF ET FILS
59, RUE DUPLESSIS, 59

1889

Représentant de la Société à Paris :

M. BEUGNIET, 10, rue Laffitte.

Pour les adhésions à la Société, s'adresser à :

MM. BRETEUIL, 7, place Hoche.

GATIN, Hôtel-de-Ville.

BERGY, 16, rue Hoche.

N. B. *Un livret indiquant le prix des ouvrages est déposé entre les mains du gardien de l'Exposition.*

ABRÉVIATIONS :

H. C. — *Hors Concours.*
Ex. — *Exempt.*
Méd. — *Médaille.*
M. H. — *Mention honorable.*

Ces titres indiquent les récompenses obtenues au Salon de Paris et à l'Exposition de Versailles.

SOCIÉTÉ DES AMIS DES ARTS DE SEINE-ET-OISE
(1889)

COMPOSITION DU BUREAU

Présidents d'honneur.

M. le Préfet de Seine-et-Oise.
M. le Maire de Versailles.

Président titulaire.

M. Victor BART, ✿ I., 13, rue Neuve.

Vice-présidents.

MM. Maxime BARBIER, 25, avenue de Paris.
RUELLE, ✿ I., 21, boulevard de la Reine.

Trésorier.

M. BRETEUIL, 7, place Hoche.

Trésorier-adjoint.

M. DELAISEMENT, 43, rue Duplessis.

Secrétaire.

M. GATIN, ✿ I., Hôtel-de-Ville.

Secrétaires-adjoints.

MM. RENAUD (Emile), ✠, 77, avenue de St-Cloud.
GIRARD, 5, rue de la Paroisse.

Présidents honoraires.

M. AMETTE, ✻, 15, rue de la Paroisse.
M. DEROISIN, ✻, ✿ A., 77, rue des Chantiers.
M. CH. GOSSELIN, ✻, au Palais de Versailles.

Trésorier honoraire.

M. Léon Fleury, 71 *bis*, boulevard de la Reine.

Commission permanente des secours.

MM. Ruelle, ✿ I., Breteuil, Victor Bart, ✿ I.

Membres de la Commission d'organisation pour 1889.

MM. Ch. Gosselin, *président*,
Bergy, *secrétaire-général*,
Victor Bart, ✿ I.,
Maxime Barbier,
Carbonnier,
Colomb, ✿ I.,
Girard,
Hussenot, ✻,
Jonette, ✻,
Larrue,
V. Renault,
E. Renaud, ✠,
Ruelle, ✿ I.

SOCIÉTÉ DES AMIS DES ARTS

DE SEINE-ET-OISE

La Société des Amis des Arts de Seine-et-Oise a pour but de favoriser le progrès des beaux-arts dans le département, et d'en propager le goût par des expositions publiques, par l'acquisition, à ces expositions, des ouvrages les plus remarqués ; par des manifestations et des publications artistiques, et par tous les moyens qui lui sembleront les plus propres à atteindre le but qu'elle se propose.

Les tableaux, sculptures, dessins, gravures et objets d'art, achetés par la Société aux expositions ci-dessous spécifiées, sont partagés par la voie du sort entre ses membres, en assemblée générale.

La Société se compose de membres titulaires, honoraires et correspondants.

Les titulaires s'engagent à payer une cotisation annuelle de dix francs ; le paiement de cette cotisation donne droit à la remise d'un titre portant un numéro qui participe au tirage au sort des lots acquis par la Société.

Chaque sociétaire peut prendre, en outre de ce premier titre, un ou plusieurs titres de même valeur, afin d'ajouter à ses chances pour le tirage au sort.

L'admission dans la Société ne peut avoir lieu que sur la présentation écrite de deux de ses membres. Cette présentation devra être faite un mois au moins avant l'assemblée générale réglementaire.

Les ressources de la Société se composent principalement du montant des cotisations annuelles, des recettes des expositions, des subventions allouées par l'État, le département et les communes.

Les fonds de la Société sont employés :

1° A organiser des expositions publiques ;

2° A acquérir les tableaux, gravures, sculptures et autres objets d'art qui auront été choisis dans ces expositions ;

3° A donner à titre de récompense, et quand il y a lieu, des médailles ou autres marques d'encouragement aux artistes ;

4° A récompenser également, par des médailles ou autres marques d'encouragement, les instituteurs du département reconnus pour avoir fait pratiquer avec le plus de succès l'étude du dessin dans leurs écoles ;

5° A alimenter la caisse de secours fondée par la Société pour venir en aide à des artistes malheureux, à leurs veuves ou à leurs jeunes enfants.

RÉCOMPENSES

DÉCERNÉES A L'EXPOSITION DE 1888

Diplômes d'honneur.

MM. Barillot.
Bergeret.
Bonnefoy.
Doucet.
Lévy (past., peint.).
Merwart.
Savine (sculpt.).
Vernet Lecomte.

Médailles de vermeil.

MM. Bénet (sculp.).
Pétillion.

Rappels.

MM. Éliot.
Forges.
Mlle Mégret.

Médailles de 1re classe.

Mme Buchet.
MM. Darien.
Ferry.
Hodebert.
Mme de Loghadès.
Mme de Pesloüan (pastels).
M. Roussin.

Rappels de 1re médaille.

MM. Hutin.
Iwill.
Lefèbvre.
Timmermans.

Médailles de 2e classe.

Mme Baudry-Vaillant (pastel).
MM. Bocquet.
Chrétien.
Mme Comerre-Paton.
M. Gillet.
Mlle Guérin (pastels).
MM. Guillot.
Homo (aquar.).
Hubert.
Mlle Jacquemart (min.)
MM. Joliet.
Landeau (faïence).

M. Lefèvre Lourdet.
Mme Limozin d'Alheim.
MM. Moormans.
Mouillard.
Robert (sculpt.).
Roullet (aquar.).
Mme la baronne Tristan-Lambert.

Rappels de 2e médaille.

MM. Bérengier.
Couty.
Mme Lemée.
MM. Le Roy.
Mascart.
Vavasseur.

Mentions honorables.

M. Bergeron.
Mme Bernier (aquar.).
MM. Bourdier.
Bourdilliat (aquarelles).
Cabane.
Mlle Carpentier.
Mme Desnoux.
Mlle Donnadieu.
Mme Falret de Tuite.
MM. Gérin (pastel).
Gignoux.
Mlle Gosselin (pastel).
M. Grenier Meulins.
Mlles Groszer (pastel).
Herman (aquar.).
MM. Jeidels.
Justin.
Mlle Kock (aquar.).
MM. Langlois (archit.).
Lemut (aquar.).
Mlle Le Sidaner (barb.).
MM. Liard.
Liardo (peint., aq).
Loiseau Rousseau (bronze).
Matignon.
Mme Nallet Poussin.
M. Pautex (aquar.).
Mlles Pers.
Robert.
M. Simon (aquar.).
Mlles Stevens (barbot.).
de Taillasson (sc.).
M. Valden.
Mlle Waternau (émail).

DESCRIPTION

DES

OUVRAGES EXPOSÉS

LE DIMANCHE 16 JUIN 1889

DANS LES

SALLES DU MUSÉE DE VERSAILLES

(REZ-DE-CHAUSSÉE)

PEINTURE

Alaux (Guillaume), 31, boulevard Berthier, Paris. [Paris, M. H. — Versailles, M. H.]

1 — « Appel au Toro. »

Ancillotti (Torello), 66, rue Pigalle, Paris.

2 — La Manche.

3 — Tristesse. (Voir à la sculpture.)

Ansel (Zéphyrin), 12, rue du Peintre-Lebrun, Versailles.

4 — Petit-Trianon (le hameau).

5 — Vue de la Terrasse (parc de Versailles).

Archainbaud (Paul-Georges), 12, rue de Chabrol, Paris.

6 — Portrait de Mlle J. M.

7 — Faucheur (étude de plein air).

Arosa (Mlle Marguerite), rue Prony, 5, Paris.

8 — Paysans bretons au bain.
9 — Vieux moulin aux Vaux de Cernay. (Voir aux dessins.)

Aub (Mme Mary), 6, boulevard de Clichy, Paris.

10 — Vieille paysanne des environs de Valenciennes (Nord).
11 — Vieille Femme.

Avalle (Albert), 3, rue Royale, Versailles.

12 — Nature morte.

Axe (Jules de), 74, rue Demours, Paris.

13 — La brouette à Bébé (Lilas).

Azambre (Étienne), 20 *bis*, rue Saint-Benoît, Paris.

14 — Intérieur d'atelier.
15 — Liseuse.

Bachimont (Ernest-Augustin), 17, rue Condorcet, Paris.

16 — Nature morte.

Baird (William), 3, rue Odessa, Paris. [Versailles, M. H., médaille d'argent 2e classe.]

17 — La plage de Saint-Raphaël (Var).

Baron (Mme Hélène), villa Sainte-Rose, Petit-Juas, Cannes (Alpes-Maritimes).

18 — Le glacier du Gleyzia (Allevard-les-Bains). (Voir aux dessins.)

Barthel (Jacques), maréchal-des-logis au 20e escadron du train des équipages militaires.

19 — La soupe (nature morte).

Bastien (Mlle Marie-Joséphine-Caroline), 22 rue Servandoni. [Versailles, M. H.]

20 — Portrait de ma mère.

Baubry-Vaillant (Mme Marie-Adélaïde), 83, boulevard Gouvion-Saint-Cyr, Porte-Maillot, Paris. [Versailles, M. H., médaille d'argent.]

21 — Bourriches de pensées. (Voir aux dessins.)

Beaucerf (Mlle Blanche), 28, rue des Réservoirs, Versailles; 42, rue de Paradis, Paris.

22 — Roses.

Beaune (Adolphe), 34, rue des Abondances, Boulogne (Seine).

23 — Est-ce bien moi ?

24 — 1870. C'est le soir ; des batteries d'artillerie sortant du feu courent à de nouveaux combats : *à la rescousse, quand même !*

Berchère (Narcisse), 3, rue Franklin, Asnières (Seine). ✳

25 — Kani à la porte de Jaffa — Syrie.

Beroy (Louis), 16, rue Hoche, Versailles.

26 — Mésange et Friquet.

27 — Bouvreuil d'Australie et Linot rouge.

Bergeron (Eug.-J.-M.), 26, rue Richelieu, Paris. [Versailles, M. H.]

28 — Les Graves et la Falaise, à Villerville (Calvados).

Bergerot (Mme Louise), 39, rue Franklin (Passy-Paris).

29 — Chrysanthèmes.

30 — Etude de pêches.

Berria-Blanc (Mlle Beatrice), 7, villa Michel-Ange, Auteuil-Paris. [Versailles, M. H.]

31 — Liseuse. (Voir aux dessins.)

Berveiller (Edward), boulevard Verd-de-Saint-Julien, 57, Meudon.

32 — Canards et Poules.

Biessy (Gabriel), 77, rue Denfert-Rochereau, Paris. [Paris, M. H.]

33 — Le devoir.

34 — Le jour du repos.

Billiard (Louis), 13, rue Duperré, Paris.

35 — Panorama de Caen (Calvados).

36 — Ruelles de Gravigny (Eure).

Biva (Henri), 72, rue du Château d'Eau, Paris. [Versailles, Méd. et rappel.]

37 — Roses et lis.

38 — Marrons de Lyon et cidre de Normandie. (Voir aux dessins.)

Biva (Paul), 129, faubourg Saint-Denis, Paris.

39 — Fruits. (Voir aux dessins.)

Blin (Mme Mathilde-Augustine, née de Corcelles), boulevard Beaumarchais, 85, Paris.

40 — Eventail satin noir, tulipes.

Becquet (Louis-Maurice), 2, rue Troyon, à Sèvres (Seine-et-Oise). [Paris, M. H. — Versailles, Méd. d'Arg., Méd. de Vermeil.]

41 — Etude dans la forêt de Fontainebleau.

42 — Etude de paysage à Sèvres.

Boislecomte (Edmond de), 26, rue Poncelet, Paris.

43 — Ferdinand VII et Godoï. — Madrid 1809.

«... Quand dans l'écurie où il gisait tout sanglant, Godoï vit entrer l'héritier du trône, il recouvra toute son énergie, et Ferdinand lui ayant dit : je te fais grâce, — il n'y a que le roi qui ait le droit de faire grâce ici, repartit Godoï, et tu ne l'es pas encore ! » (Mémoires inédits du général baron de Marbot.)

44 — Portrait.

Bonnefoy (Adrien-Adolphe), 3, rue de Bretonvilliers, Paris. [Versailles, M. H.]

45 — Une église en Bourgogne. (Voir aux dessins.)

Bonnefoy-Mesnil (Mme Léonie), 3, rue Bretonvilliers, Paris.

46 — Mon jardinier (portrait).

Bonnefoy (Henry), 42, rue Fontaine. [Paris, H. C. — Versailles, diplôme d'honneur, Méd. de vermeil.]

47 — Fleurs des champs.

Bouchard (Paul), 12, rue de Calais, à Paris. [Paris, M. H.]

48 — Femme au harem.

49 — La Corniche près de Gênes.

Boudin (Eugène), 11, place Vintimille. [Paris, H. C.]

50 — Marine, les jetées de Trouville à marée basse.

Bourdier (Alexandre), 28, rue de Satory. [Versailles, M. H.]

51 — Nature morte, étude d'oranges.

Bourgeois (Eugène-Victor), 5, passage Masséna, à Neuilly-sur-Seine. [Paris, M. H., Médaille.]

52 — Barques de pêche, mer calme (Etude pour mon tableau du Salon de 1889).

53 — Chemin couvert dans les marais de Criquebœuf (Calvados).

Bourgogne (Pierre), 32 *ter*, rue de Brancas, Sèvres (Seine-et-Oise). [Paris, M. H., 3e médaille — Versailles, dipl. d'honn.]

54 — Envoi de province.

55 — Un dessert.

Bousquet (Mme Hélène du), 44, rue d'Assas, Paris. [Versailles, M. H.]

56 — Oiseaux, étude.

Bouville (Mlle Laure de), Bordeaux, rue de Poissac, 9.

57 — Au bord du Gave.

Brandt (Pierre), île Saint-Denis (Seine).

58 — Un cadre contenant quatre motifs : Epinay — Automne — Ile Saint-Denis — Printemps.
59 — Un cadre contenant quatre motifs : La Vanne — Ile de la Grande-Jatte — Lavarenne — Ilot Gandillot.

Bréauté (Albert), 15, impasse Hélène (avenue de Clichy). [Paris, M. H.]

60 — La limonade.
61 — Le cachet.

Brécy (Henry-Ernest), Boulogne-sur-Seine, boulevard de Strasbourg, 117.

62 — Vue du pont de Sèvres. (V. aux dessins.)

Brielman (Jacques-Alfred), 16, rue de Chabrol, Paris. [Paris, Méd. 3e cl.; Versailles, Méd. d'arg.]

63 — Dans les bois de Beaumont (Allier).
64 — Panier de fleur des champs.

Brun (Mlle Nelly), 155, rue du faubourg Saint-Honoré, Paris.

65 — Chrysanthèmes.
66 — Pêches et Raisins. (Voir aux dessins.)

Buchat (Mme Julie), 105, rue Notre-Dame-des-Champs, Paris. [Versailles, 1re méd. d'arg.]

67 — Raisins et Chrysanthèmes.
68 — Fadette.

Burgkan (Mlle Berthe), 18, rue de Chabrol, Paris. [Paris, M. H.]

69 — Une Bohémienne.

70 — Jeune tricoteuse suédoise. (Voir aux dessins.)

Canet (Charles-Emile), 16, rue de la Grande-Chaumière, Paris.

71 — La plage à Ambleteuse (Pas-de-Calais).

72 — Goëlette au mouillage à Boulogne-sur-Mer (Pas-de-Calais).

Carpentier (Mlle Madeleine), 48, rue de Dunkerque, Paris. [Versailles, M. H.]

73 — Diane.

74 — L'aïeule. (Voir aux dessins.)

Charpentier (Léon-François), Paris, rue Houdon, 1 (place Pigalle).

75 — Enfants de chœur dans une église de village.

76 — Lièvre, nature morte.

Chateignon (Ernest), 57, rue de la Chaussée-d'Antin, Paris.

77 — Allant au marché.

Chavannaz (Mlle Jeanne), 37, Cours de l'Intendance, Bordeaux.

78 — Desserts.

79 — Nature morte (Eventail).

Chevé (Léon-Emilien), rue Berthier, 26 *bis*, Versailles.

80 — Un coin de la chambre à coucher de la Reine (Château de Versailles).

81 — Salle des Batailles (Château de Versailles).

Circaud (Mlle Amélie), 3, square du Roule, Paris. [Versailles, M. H.]

82 — Un coin du parc à Plombières.

Clavel (Emile), villa aux Roses, Suresnes (Seine).

83 — Le matin — Lisière des bois de Chaville.

84 — Les bords de la Seine près Rouen.

Closay (Ernest Jiger de), 45, rue Lhomond, Paris.

85 — Sortie du soir.

86 — A l'affût sur les bords du Gange.

Comès (Gustave), 11, rue Nicolo, Passy-Paris.

87 — Portrait de M. Desjardins (de l'Odéon).

Condé-Gonzalez (Mme Emilie-Catherine), 18, rue Brunel, Ternes-Paris.

88 — L'Arracheuse de pommes de terre. (V. aux dessins.)

Corm (David), chez M. Elias Monassa, 14, rue Meslay (bd Saint-Martin), Paris, et à Beyrouth (Syrie).

89 — Portrait de M. Louis Roccas, de St-Rémy de Provence.

Couse (Eanger-Irving), 4 *bis*, rue des Beaux-Arts, Paris.

90 — Un marchand de pommes.

Couto-Buron (Henri), 9, quai Voltaire, Paris.

91 — Coucher de soleil en automne.

Couty (Jean-Frédéric), rue Lepic, 22, Paris. [Versailles, méd. d'arg. 2e classe. Rappel.]

92 — Nature morte : les merlans.
93 — Pommes cuites et marrons.

Cuisant (Charles), avenue du Maine, 230, Paris.

94 — Dans le parc.

Dagnaux (Albert), 113, avenue Victor-Hugo, Paris.

95 — La mare de Soyers.

Dainville (Maurice), 35 *bis*, rue de Fleurus, Paris.

96 — En Mai : Bords de la Seine, près Poissy.
97 — Barque de pêche à Berck-sur-Mer.

Damas (Eugène), Cours d'Orléans, 87, Charleville (Ardennes).

98 — Faucheurs dans la vallée de la Sormonne (Ardennes).

Damour (Charles), 65, rue de Malte, Paris.

99 — Bureau de placement.

Darien (Henry), 113, boulevard Saint-Michel. Paris. [Versailles, M. H., 1re méd. d'arg.]

100 — Fraises et cœurs à la crème.
101 — Fromages. (Voir aux dessins.)

Darosse (Georges), 173, Margellina, Naples et chez M. Geoffroy, doreur, 10, rue d'Aguesseau, à Paris.

102 — Une vue de Capri. Le Lézard.

Decornoy (Mlle Louise), Paris, 15, rue Cauchois.

103 — Lilas.
104 — Dessert d'hiver.

Delacourcelle (Maurice), 44, Grande-Rue, Sèvres (Seine-et-Oise).

105 — L'Hiver.
106 — Etude de tête de mort.

Demagny (Georges), 141, avenue Malakoff, Paris.

107 — Intérieur d'atelier.

Denet (Charles), rue de Jouffroy, 2, Paris.

108 — A la cuisine.

Desauty (Mlle Henriette), 41, rue Laffitte, Paris.

109 — Un coin de laboratoire. (Voir aux dessins.)

Descamps-Sabouret (Mlle Louise-Cécile), 11, rue de la Présentation.

110 — Avant les confitures.
111 — Roses, panier renversé.

De Serres (Charles), 76, faubourg Saint-Denis, Paris.

112 — Portrait de Mme M.
113 — Fleurs.

Desgoffe (Jules), 152, rue de Vaugirard (15, impasse Ronsin), Paris.

114 — Cristal.

Deully (Eugène-Auguste-François), Paris, 103, rue de Vaugirard. [Paris, M. H., 3e Méd.]

115 — Le rêve et la réalité.

Dezobry (Arthur-Louis-Henri), 2, rue Bague, Montmorency (Seine-et-Oise).

116 — La Géronstère (Seine-et-Oise).

Didier (Clovis-Auguste-François), 2, rue de Mademoiselle, Versailles.

117 — L'Aronde et le mont Ganelon (Coudun-Oise.)

118 — Fantaisie japonaise.

Dillon (Henri-Patrice), boulevard Rochechouart, 84, Paris. [Versailles, 3e méd.]

119 — Etude.

120 — Etude.

Donnadieu (Mlle Jeanne), Paris, 17, rue Victor-Massé. [Paris, M. H., Versailles, M. H.]

121 — Tête de femme (étude).

Duboy (Mlle Marguerite), 32, rue Washington, Paris.

122 — « Françoise. »

Duchemin (Daniel), 62, rue Legendre, Paris.

123 — Le matin à Ingrandes-sur-Loire.

124 — Une ferme du pays de Caux.

Duchesne (Emery), 18, rue Labruyère, Paris.

125 — Les falaises du Tréport (marée basse).

126 — Sur le haut des falaises.

Ducombs (Mlle Marie), 1, rue des Chartreux, Paris.

127 — Armure de François Ier (Musée d'artillerie).

Dulac (Charles), 31, rue Pigalle, Paris.

128 — Etude de poisson.

Durangel (Léopold-Victor), 30, rue de Bruxelles. [Paris, méd. 3e cl.]

129. — « Lady se promène ».

Durst (Auguste), avenue de la Défense de Paris, 51, à Puteaux. [Paris, méd. 2e classe, Versailles, méd.]

130 — Dans la ferme.

Edouard (Albert-Jules), 19, quai St-Michel, Paris. [Paris, méd. 3e cl., méd. 2e cl. H. C.]

131 — L'amateur de gravures.

132 — Femme à l'oiseau.

Eliot (Maurice), 3, rue Houdon, Paris. [Paris, 3e méd. — Versailles, méd. de vermeil, rappel.]

133 — Étude de soleil.

134 — Étude de sables (Bénerville-sur-Mer).

Espenan (Mlle Marguerite), 10, rue de Phalsbourg, Paris.

135 — En extase.
136 — A la balançoire.

Fanton (Joseph), 17, rue Saint-Paul, Paris.

137 — A Perros-Guirec (Côtes-du-Nord).

Fauve (Mlle Blanche), 28, rue Turbigo, Paris.

138 — Une rue à Férol (Seine-et-Marne).
139 — Bords de la Seine. (Voir aux dessins.)

Ferry (J.-Georges), 10, rue Choron, Paris, et Ville-aux-Clercs (Loir-et-Cher). [Versailles, méd. 1re cl.]

140 — Réunion musicale sous le premier Empire (effet de soleil couchant).
141 — Gourmandise permise.

Flandin (Mlle Marie-Noémie), 11, rue Blanche, Paris. [Versailles, M. H.]

142 — Résignation.

Flandrin (Paul), 10, rue Garancière, Paris [Paris, méd. 2e et 1re cl., ✻.]

143 — En automne ; un bois sur les sommets des montagnes du Bugey (Ain).

Fleury (Mme Fanny), 37, rue Fontaine, Paris. [Paris, M. H.]

144 — Le voile noir.
145 — Les chrysanthèmes. (Voir aux dessins.)

Flick (Auguste-Émile), rue de Lubeck, Paris.

146 — Vue de Metz, prise des bords de la Moselle.
147 — Les maquignons, retour du marché aux chevaux par un temps de neige. (Voir aux dessins.)

Foley (Saint-Elmo-René-Adolphe), 133, rue de Rome, Paris.

148 — Effet de brume (marine).

Forges (J.), 18 *bis*, impasse du Maine, Paris. [Versailles, méd. de vermeil.]

149 — Une route dans le Morbihan. (Voir aux dessins.)

Fos (Émile), 18, rue Étienne-Dolet, Paris.

150 — Musée du Louvre, la Vénus de Milo.
151 — Petit Gibier.

Fouqueray (Charles), 72, rue Notre-Dame-des-Champs, Paris.

152 — Soleil couchant (marine).
153 — Passe d'Antioche (marine). (Voir aux dessins.)

Frick (Paul de), 5, rue Bara, Paris.

154 — Jeune fille (étude).

Fuller (David-T.-S.), 24, rue Pigalle, Paris.

155 — Portrait de M. B., secrétaire particulier de S. Exc. le marquis de T...g.

Galerne (Prosper), 52, rue de Bourgogne, Paris. [Paris, 3e méd.]

156 — Moulin Brigand sur la Cédelle à Crozan (Creuse).

157 — Une mare à Digulleville (Manche).

Garnier (Charles), 4, place de l'Église, Saint-Cloud (Seine-et-Oise).

158 — Nature morte.

Gascard (Léon-Marie-Georges), 33, boulevard Arago, Paris.

159 — Vieux livres.

Gaudefroy (Alphonse), 27, rue de Passy, Paris. [Paris, M. II.]

160 — Un coin de l'atelier de M. Dalou.

161 — Une bonne pipe.

Gelly (Victor-Guillaume), rue de Sucy, Chennevières-sur-Marne (Seine-et-Oise).

162 — Le jour du marché.

Genin (Amédée), à Brunoy (Seine-et-Oise).

163 — Bibelots.

Gérard (Gaston), 6, rue du Val-de-Grâce, Paris.

164 — En attendant le bateau. (Voir aux dessins.)

Germain (Marcellin), 7, rue Hoche.

165 — Nature morte.

Gignoux (Robert), 64, avenue de la Grande-Armée, Paris. [Versailles, M. H.]

166 — Château d'Arques (Seine-Inférieure).
167 — Lande de Sainte-Marguerite, près Dieppe (Seine-Inférieure).

Gilles (Mme Marie), 4, boulevard d'Italie, Paris.

168 — La petite fille aux cerises, d'après John.

Gintrac-Jouasset (Jean), 4, rue Aumont-Thiéville, à Paris, et rue Judaïque, 278, à Bordeaux.

169 — Bataille de fleurs au Bois de Boulogne.
170 — Au bord de l'eau.

Godin (Mme Paul), née Isabelle Dousset, à Pezou, près Vendôme (Loir-et-Cher).

171 — Oranges.
172 — Etude.

Gœpp (Albert), 1, rue Pergolèse, Paris.

173 — Marine, effet de nuit.
174 — Marine, soleil couchant.

Gontier (Emile), 14, rue du Peintre-Lebrun, Versailles. [Versailles, M. H.]

175 — Environs de Berne (Suisse).

Gosselin (Charles), palais de Versailles. [Paris, H. C., ✻.]

176 — Paysage.

Gounin (Henri), boulevard Saint-Michel, 147, Paris. [Versailles, méd. d'argent, 2e cl.]

177 — Sous la feuillée.
178 — A Villerville (Calvados).

Grandbarbe (Eug.), 10, r. Hoche, Versailles.

179 — Un bras de Seine.

Grenet (Edward), 25, villa Chaptal, rue Chaptal, 64, Levallois-Perret.

180 — Les confidences.
181 — Tête de fillette.

Grillet (Alphonse), Saint-Cloud-Montretout, 1, boulevard de Versailles.

182 — Etang de Saint-Cucufa (Seine-et-Oise).
183 — Pointe de l'île Séguin (Bas-Meudon).

Grondard (Philippe), 35, rue de la Boëtie, Paris. [Versailles, M. H.]

184 — La soupe, intérieur.
185 — Vieux fournil, étude.

Groszer (Mlle Apolline), rue Montebello, Versailles. [Versailles, deux M. H.]

186 — Paysage. (Voir aux dessins.)

Guérard (Amédée), 27, rue Caulaincourt, Paris.

187 — Les premiers ébats.

Guillot (Simon-Gabriel-Paul), 7, rue Jean-Bart, Paris. [Versailles, 2e Méd.]

188 — Sur la grève, Tréport.
189 — Pêcheur de crevettes.

Habert (Eugène), à Paris, rue Dulong, 64 *bis*.

190 — L'heure du rêve, étude, campagne de Pont-Aven (Finistère).

Hain (Mlle Marguerite), 9, rue Neuve-Saint-Patrice, Rouen.

191 — Fromages.

192 — Grenades et Pommes.

Haus (Léon), 39, rue de la Tour-d'Auvergne, Paris.

193 — Cabane de bûcheron à l'Hautil. (Voir aux dessins.)

Hautefeuille (L.), 27, rue des Réservoirs Versailles.

194 — Nature morte.

Hedde (Mlle Lucie), 113, boulevard Saint-Michel, Paris.

195 — Retour de la pêche aux crevettes.

196 — Chaumière normande.

Hédou (Jules-Paul-Ernest), 19, rue de la Chaîne, Rouen.

197 — Soupière et armes.

198 — Fontaine et armes.

Henriquet-Gaud (Mlle Albertine), 96, avenue du Roule à Neuilly-sur Seine.

199 — Panier de groseilles.

Hervy (Georges), 7, rue Lacondamine, Paris.

200 — Graziella.

201 — Pivoines. (Voir aux dessins.)

Hewitt (Mme Clémence), avenue Casimir, 10, Asnières (Seine).

202 — Lilas et Giroflées.

203 — Menu gibier.

Hiolle (Alexandre-Auguste), 4, boulevard de Vaugirard (Paris).

204 — Fin de déjeuner, Nature morte.

205 — Intérieur d'atelier.

Hitz (Mlle Dora), Paris, 15, impasse Hélène.

206 — Tête de jeune fille bretonne. (Voir aux dessins.)

Hodebert (Léon-Auguste-César), 90, rue d'Assas, Paris. [Versailles, méd. d'arg. 1re cl.]

207 — Madame Chrysanthème.

Huas (Pierre), 11, rue Chateaubriand, Paris.

208 — Pêcheuse de crevettes.

209 — Marguerites.

Huber (Léon), 10, rue des Saules, Paris (Montmartre). [Versailles, 2e méd. d'arg.]

210 — Prunes, pêches et raisins.

211 — Retour de la chasse.

Humblot (Mlle Henriette), Paris, 70, rue Rodier.

212 — Nature morte.

Hutin (Charles), 5, rue de Rouvray, parc de Neuilly (Seine). [Versailles, 5 méd.]

213 — Fruits et objets d'art.

214 — Branches de cerises.

Huysmans (Jean-Baptiste), Paris, 71, boulevard de Clichy.

215 — Fantaisie.
216 — Un flirtage au harem (Algérie).

Imbault (Mlle Jeanne-Louise-Félicia), 133, avenue de Neuilly.

217 — Cuivres et fruits.

Imbault (Raymond), 16, rue de Mademoiselle, Versailles.

218 — Etude.

Iwill (Marie-Joseph), 11, quai Voltaire, Paris. [Paris, M. H. — Versailles 2e méd. et rappel.]

219 — Derniers jours d'automne.
220 — Matinée de novembre.

Jardon (Léon-Emile), 141, boulevard Murat, Paris (Auteuil).

221 — Ruines de la Cour des Comptes.
222 — Portrait de mon chien.

Jobert (Paul), 6, rue Ballu, Paris.

223 — Le port d'Alger.

Jouas (Charles), rue Bara, 5, Paris.

224 — Marché aux poteries, rue Bab-Menara, Tunis.
225 — Les Bruyères roses, souvenir des Vosges. (Voir aux dessins.)

Justin (Jules), 3, avenue Trudaine, Paris. [Versailles, deux M. H.]

226 — La maison aux fleurs, Yport.
227 — La Seine à Épinay.

Keyser (Mlle Élisabeth), 32, rue des Dames, Paris.

228 — A l'Orphelinat (Meudon).
229 — La Musique.

La Barre Duparcq (Léon de), Paris, 67, rue Rochechouart.

230 — A la Fontaine, pays de Tréguier.
231 — Paysage, étude.

Lacaille (Félix-Jules), 3, impasse Camus, Paris.

232 — Pensées. (Voir aux dessins.)

Lagrost (Mlle Marguerite), 118, faubourg Poissonnière, Paris.

233 — M'aime-t-il ?
234 — Lilas.

Laissement (Adolphe-Henri), 72, rue Blanche, Paris. [Paris, M. H.]

235 — Intérieur normand.
236 — Le retour de la pêche.

Lajallet (Mlle Hélène de), 48, rue de Laborde, Paris.

237 — Fleurs.
238 — Fleurs.

Lalobbe (Alexandre de), Aubusson (Creuse).
239 — Port de Croix de Vie (Vendée).

Laloge (Mme Fanny), 25, bd de Clichy, Paris.
240 — Nature morte.

Landeau (Remy), rue de la Paroisse, 55, Versailles. [Versailles, deux M. H., méd. d'arg. 2e classe.]
241 — Allée sous bois, étude.

Landré (Mlle Louise-Amélie), Paris, 233, faubourg St-Honoré.
242 — Jeune femme lutinant un masque.
243 — Frère et sœur.

Lapène (Mlle Marie), 1 *bis*, rue Descombes, Paris-Ternes. [Versailles, méd. d'arg. 2e cl.]
244 — Coquelicots, étude. (Voir aux dessins.)

Lapointe (Mlle Jeanne), 2, rue Crétet, Paris.
245 — Portrait de Mme A. L.

Laporte (Emile-Henry), aux Étangs, 43, rue de Versailles, à Ville-d'Avray (Seine-et-O.).
246 — La brume des étangs, vision matinale.

Larrue (Guillaume), 19, rue Maurepas, Versailles. [Versailles, méd. 1re cl.]
247 — L'Andante.
248 — La Rochelle.

Laugée (Georges), 10, boulevard Flandrin, Passy-Paris. [Paris, M. H., 3e méd.]
249 — Glaneuses.

Lavialle de Lameillère (Francis), rue de Malte, 65.

250 — Etude d'orchidées.

La Villette (Mme Elodie), rue de Toulon, Nouvelle-Ville, Lorient (Morbihan). [Paris, médaille de 3e cl., Versailles, diplôme d'honneur.]

251 — Le Port-Blanc, marée basse, Quiberon (Morbihan).

252 — Marée montante, à Port-Louis (Morbihan).

Lecuit dit **Monroy** (Paul), 8, rue des Rouillis, à Sèvres (Seine-et-Oise).

253 — Roses.

254 — Lilas et pivoine.

Lefebvre Lourdet, 82, boulevard de Clichy, Paris. [Versailles, méd. 2e cl. — Rappel.]

255 — Japonaise.

Lemaître (Mme Marie), 36, boulevard Magenta, Paris.

256 — La veuve.

Leman (Louis-Constant), boulevard du Roi, 8, à Versailles.

257 — Groupe d'Arabes.

258 — De Suresne à Saint-Cloud.

Lemeilleur (Georges), 6, rue du Val-de-Grâce, Paris.

259 — A mi-côte (Petites-Dalles, Seine-Inférieure).

260 — Une mare à la Bucaille (Seine-Inférieure).

Leroux (René), 25, rue de la Pompe, Versailles.

261 — Route aux Loges-en-Josas (Seine-et-Oise).
262 — Entrée du Bois-d'Arcy (Seine-et-Oise).

Le Roy (Henri), 53, rue Satory, Versailles. [Versailles, M. H., Méd. de 2e cl., rappel de Méd.]

263 — Brise-lames (Petites-Dalles).
264 — Bassin des Dômes, Versailles. (Voir aux dessins.)

Lesur (Victor-Henri), 129, avenue Malakoff, Paris. [Paris, méd. de 3e cl.]

265 — La route d'Isle-Adam, La Naze (Seine-et-Oise).
266 — Cour de ferme à Verville (Seine-et-Oise).

Le Villain (Auguste-Ernest), 30, rue Alphonse-de-Neuville, Paris. [Paris, M. H. — Versailles, M. H.]

267 — Entrée seigneuriale au Croisic.
268 — Route en Seine-et-Marne. (Voir aux dessins.)

Liard (Augustin), Etampes, rue de la Plâtrerie. [Versailles, M. H.]

269 — Avant l'orage.
270 — Les dernières gerbes. (Voir aux dessins.)

Limosin d'Alheim (Mme Jeanne), 28, rue Mazarine, Paris.

271 — Les frites.
272 — Fraises.

Linet (Eugène), 84, avenue Beauséjour, parc Saint-Maur (Seine).

273 — Nature morte, étude.

Linet (Octave), 17, rue de Belleville, Paris.

274 — Groseilles, étude.

Liot (Paul), 41, rue Saint-Georges, Paris. [Paris, M. H.]

275 — La Seine à Saint-Mammès (Seine-et-Marne).
276 — Barque de pêche à Cancale (Ille-et-Vilaine).

Loire (Léon), 240, rue de Vaugirard, Paris. [Versailles, deux M. H.]

277 — Chouan en sentinelle.

Lottin (Frédéric-A.), 119, avenue Malakoff, Passy-Paris.

278 — Nuit du 24 août 1572 (nature morte). (Voir à la sculpture.)

Louchet (Paul), à Herblay (Seine-et-Oise).

279 — Prairies de l'Arcau à Dienville (Aube).
280 — Le Val à Dienville (Aube) au printemps.

Lubin (Jules-Désiré), 6, rue Aumont-Thiéville, Paris-Ternes, et à Neuville-aux-Bois (Loiret). [Paris, M. H.]

281 — En congé.
282 — Discussion politique au village.

Magne (Alfred), 6, rue Bara, Paris. [Paris, M. H. — Versailles, méd. d'argent.]

283 — Petite chasse.
284 — Melon dans un plat d'argent.

Maillard (Émile), 8, rue Flatters, Amiens [Paris, M. H.]

285 — Marine.

Mallet (Joseph), 82, rue Rochechouart, Paris.

286 — Roses et Chardonnerets. — Roses et Roitelets.

287 — Pâquerettes et Bouvreuils. — Inséparables et Primevères.

Malterre (Stanislas-Eugène-Gontran), 65, rue du Moulin-Vert, Paris.

288 — Pleine lumière.

Manesse (Mme M.-Th.), 29, rue de l'Abbé-Grégoire, Paris.

289 — Livres et médailles.

Maréchal (Gabriel-Ernest), 219, rue Saint-Honoré, Paris, et rue des Jardinets, Poissy (Seine-et-Oise).

290 — Forêt de Saint-Germain-en-Laye.

291 — Seine à Poissy. (Voir aux dessins.)

Maréchal (Paul), 8, rue de Thann, Paris. [Versailles, M. H.]

292 — Dans la carrière.

293 — Les sablières de Rueil (Seine-et-Oise).

Marinier (Ernest), 43, rue de La Tour-d'Auvergne, Paris.

294 — Sidi-Bou-Médin (Algérie).

Mascart (Gustave), 22, rue Tourlague, Paris-Montmartre. [Versailles, 2e méd. d'argent et rappel.]

295 — La Seine au Trocadéro.
296 — Le pont du Béguinage à Bruges.

Masure (Jules), 152, boulevard du Montparnasse. [Paris, Méd. 2e cl.]

297 — Matinée à Wimereux près Boulogne-sur-Mer ; mer montante.

Mathieu (Camille-Jean), 151, rue de Paris, Boulogne (Seine).

298 — Oranges.

Matignon (Albert), 17, rue de Tournon, Paris. [Versailles, M. II]

299 — Nature morte.
300 — Fantaisie, Etoile.

Maufra (Maxime), 2, rue de la Chalotais, à Nantes.

301 — Dernières lueurs du jour, avant-port de Nantes, décembre.

Mège de Malmont (René), Paris, 6, rue Aumont-Thiéville.

302 — Coquetterie.

Mélot (Louis-Auguste), 36, rue Cler, à Paris.

303 — Bords de la forêt des Yvelines (Seine-et-Oise).
304 — Poires et raisins.

Menta (Edouard), Châlet Pandoce Sainte Hélène, Nice.

305 — Repasseuse.

Méry (Paul), 24, rue Véron, Paris.

306 — Bords de l'Ardoux (Loir-et-Cher).
307 — A la Barrière. (Voir aux dessins.)

Michau (Edouard), 21, rue Turgot, Paris.

308 — Exécution de Marino Faliero.

Minot (Mlle Blanche), 43, rue Gabrielle, à Charenton. [Versailles, M. H.]

309 — Chrysanthèmes.

Mion (Louis), 10, rue des Beaux-Arts, Paris.

310 — Paysage, après-midi d'avril.

Misset (Armand), 3, rue Royale, Versailles.

311 — Chiens forçant une tanière d'ours.

Monge (Jules), 37, rue Saint-André-des-Arts, Paris. [Paris, M. H. — Versailles, Méd. 1re cl., rappel de méd. de 1re cl.]

312 — Une rasade.

Montholon (François de), 20, rue des Martyrs, Paris. [Paris, M. H. — Versailles, M. H.]

313 — Retour de pêche de sardines (Finistère).
314 — Porche de Saint-Fiacre, Faouet (Morbihan).

Moormans (François-Léonard-Jean), 178, rue Legendre à Paris. [Versailles, 2e Méd. d'argent.]

315 — Le piano.

Moreaux (Emile-Louis-Victor), 7, rue du Palais-de-Justice, à Vervins (Aisne).

316 — Marmiton.

Morel (Hippolyte), Rueil, 28, avenue du Chemin-de-fer (Seine-et-Oise).

317 — Le Pont de Bezons. (Voir aux dessins.)

Mouillard (Lucien), 14, rue de l'Ancienne-Comédie, Paris. [Versailles, 2e méd. d'argent.]

318 — Le dernier achat pour le harem.

319 — Mazarin et les Importants.

Moutet-Cholé (Mlle Céleste), 30, boulevard du Temple, Paris.

320 — Liseuse.

Moutet (Paul), 30, bd du Temple, Paris.

321 — Intérieur breton.

322 — Ma table de cuisine en Bretagne.

Muraton (Mme Euphémie), 17, rue Duperré, Paris. [Paris, 3e méd.]

323 — Fleurs.

Nallet-Poussin (Mme Emma-Camille), 5, cité Fénelon, 34, rue Milton, Paris. [Versailles, M. H.]

324 — Mélancolie.

325 — Retour à la ferme.

Nautré (Mlle André), 324, rue Saint-Honoré.

326 — Une porte de ferme près Villerville (Calvados). (Voir aux dessins.)

Olaria (Frédéric), 36, avenue Hoche, Paris. [Versailles, M. H.]

327 — Une bonne chasse.
328 — Portrait de Mme D. A.

Olivetti (Salvador), 47, boulevard Beauséjour, Passy-Paris.

329 — Huîtres et crevettes.

Olivié-Bon (Léon), 25, avenue de la Grande-Armée, Paris.

330 — Un potier.
331 — Intérieur de l'abbaye de Fécamp.

Olivier (Georges), 51, rue Boissière, Paris.

332 — Chrysanthèmes.
333 — Pommes.

Osbert (Alphonse), 7 et 9, rue Alain-Chartier, Paris-Vaugirard. [Versailles, méd. d'arg. de 1re cl.]

334 — Dans les champs de Diélette (Manche).
335 — Le matin dans la plaine d'Eragny (Seine-et-Oise).

Oudry (Gustave), rue Satory, 52, Versailles. [Versailles, méd. de 2e cl.]

336 — Les Saisons.
337 — Les trois Amis. (Voir aux dessins.)

Paquin (J.-Jules), 18, rue Lécluse, Paris.

338 — Chêne à Mortefontaine.
339 — Nature morte.

Pargon (Victor-Wilfrid), Chennevières-sur-Marne.

340 — Une partie de pêche.

Patte (Albert), 7, rue d'Enghien, Paris. [Versailles, M. H.]

341 — Abricots et Prunes.

342 — Prunes.

Pécrus (François-Charles), rue Fontaine-Saint-Georges, 42, Paris.

343 — La bibliothèque.

344 — L'heure de traire.

Pélissié (Mme Anna), 15, r. du Colisée, Paris.

345 — Intérieur de l'église de Bénerville, près de Trouville. (Voir aux dessins).

Pelosi (Pascal), 20, rue de la Gaîté, Paris. [Versailles, 2e Méd.]

346 — David vengeur.

Pénot (Émile-Henri), Pontoise, rue Saint-Louis (Seine-et-Oise).

347 — Un côté de la plage à Boulogne.

Pers (Mlle Blanche), 60, boulevard Malesherbes, Paris. [Versailles, deux M. H.]

348 — Nature morte.

349 — Frère Joseph.

Petillion (Jules), 6, boulevard Magenta, Paris. [Versailles, Méd. Vermeil.]

350 — Quatre paysages (un cadre).

351 — Parc de Lamalou.

Pihan (Charles), à Marnes-la-Coquette (Seine-et-Oise).

352 — Nature morte.

Pinel (Armand), 108, rue de Rivoli, Paris.

353 — L'église Saint-Gervais, rue des Barres.
354 — La Cour des Comptes.

Piot (Catherin-Ernest), Paris, 7, bd Péreire.

355 — Lilas, Seringas et Roses.

Poisson (Mlle Léonide), 21, rue de Maurepas, Versailles.

356 — Portrait de la mère d'Albert Joly.
357 — Portrait de M. V. B. (Voir aux dessins.)

Poitevin (Flavien), 10, avenue Kléber, Paris. [Versailles, M. H.]

358 — Intérieur de Cour, à Moret (effet du soir).

Pozier (Jacinthe), quai de Valmy, 93. [Paris, M. H.]

359 — L'estacade à Paris.

Presseq (Henry), 53 *bis*, boulevard Suchet, Auteuil (Paris).

360 — Fuyant devant l'orage.

Prévost (Paul-Jules), Montfort-l'Amaury.

361 — Nature morte.

Frevot-Valeri (Auguste), 6, rue Aumont-Thiéville, Paris. [Paris, M. H.]

362 — Savetier du village.
363 — Pêches et raisins. (Voir aux dessins.)

Prieur (Mme Marie), 18, rue de la Mairie, Boulogne-sur-Seine.

364 — Etude de fleurs.
365 — Nature morte. (Voir aux dessins.)

Prouteau (Mlle Louise), 25, rue d'Angiviller, Versailles.

366 — Portrait de Mlle J.

Quercia (Frédérick), 155. Faubourg Saint-Honoré, Paris.

367 — Petite marine de Sorrente (Italie).

Quinet (Charles), 64, rue Vieille-du-Temple, Paris. [Versailles, M. H.]

368 — Matinée d'été, bords du Morin.
369 — Novembre à Villiers-sur-Morin.

Raissiguier (E.-P.), 13, r. Le Verrier, Paris.

370 — Route de Montfort-l'Amaury (Seine-et-Oise).
371 — Les Forges d'Ivry, Paris. (Voir aux dessins.)

Ramé (Achille-Alexis), 19, rue Berlioz, Paris.

372 — Bois du Maucandon, groupe de chênes à Bacqueville-en-Caux.
373 — Plage de Mers-les-Bains. (Voir aux dessins.)

Ramin (Octave), 17, rue Hoche, Versailles. [Versailles, M. H.]

374 — Chaville.

Rathouis (Arthur), Paris, av. de Wagram, 122.

375 — Le bois des soupirs (Préfailles, Loire-Inférieure. (Voir aux dessins.)

Ravanne (Gustave), Paris, 3, rue Cauchois, et Les Mureaux (Seine-et-Oise), 15, boulevard Victor-Hugo. [Paris, M. H., Versailles, 2 sec. méd.]

376 — Fille de pêcheur.
377 — Le grand bras de la Seine à Meulan (Seine-et-Oise), le matin.

Renard (H.-Constantin), 76, Grande-Rue, Sèvres.

378 — Nature morte.
379 — Une carrière à Ville-d'Avray.

Renault (Gaston), 15, impasse Hélène, Paris.

380 — Tisserand (Pont-de-l'Arche).
381 — Intérieur.

Renault (Victor), rue Richaud, 30, Versailles.

382 — Portrait de M. H***.
383 — L'arrivée de la laitière.

Rey (Mlle Estelle-Andrée), 21, Quai aux fleurs, Paris.

384 — Jeune fille au capulet.

Le soleil printanier a fait frémir la terre,
Mais son œil reste sombre et ne voit pas l'azur ;
Le doux parfum des fleurs courant sous le ciel pur
N'a pu calmer l'effort de sa pensée austère.
(Ernest DUPRÉ).

Rigolot (Albert-Gabriel), 52, avenue d'Orléans, Paris. [Paris, M. H.]

385 — Le printemps à Fourchollo (Seine-et-Oise).
386 — Maisonnette à Senlisse, près Cernay-la-Ville (Seine-et-Oise).

Rivière (Charles-Georges), 67, boulevard Beaumarchais, à Paris.

387 — Langouste et huîtres.
388 — Bible et Casque.

Rivière (Mlle Marie-Magdeleine de), 4, rue des Beaux-Arts, Paris.

389 — Portrait de M. Louis de R.
390 — Tête d'étude.

Rosier (Amédée), 4, rue Heinrich, Billancourt. [Paris, méd. 3e classe.]

391 — Venise, vue de Saint-Georges.
392 — La douane de mer, le soir, Venise.

Roullet (Gaston), 34, rue de Lille, Paris. [Versailles, méd. d'argent.]

393 — Glacier House, Montagnes-Rocheuses (Canada).
394 — Cascades dans les Montagnes-Rocheuses (Canada). (Voir aux dessins.)

Roux (Paul), 21, rue Pigalle, Paris.

395 — La rade de Brest.
396 — Le lac des Quatre-Cantons (Suisse).

Royer (Charles), Langres (Haute-Marne).

397 — Un suicide.
398 — Étude.

Saïn (Paul), 33, rue du Dragon, Paris. [Paris, M. H., 3e méd.]

399 — Crépuscule de décembre (environs d'Avignon).

400 — Les champs, environs de Barbizon (Seine-et-Marne).

Salles (Jules), 9, rue des Beaux-Arts, Paris.

401 — Le sevrage.

Salles-Wagner (Mme Adélaïde), 9, rue des Beaux-Arts, Paris. [Versailles, M. H.]

402 — Le message amoureux.

Sarda (Henri), 73, rue du Bourg, Bar-le-Duc (Meuse).

403 — La préméditation.

La veille de l'assassinat, un des Mignons regarde si son épée est bien aiguisée.

Saubès (Daniel), 15, rue Cauchois, Paris. [Paris, M. H. — Versailles, prix du Salon.]

404 — Béatrice.

405 — Coin de cuisine.

Schmitt (Paul-Léon-Félix), 12, rue Boissonade, Paris. [Paris, méd. 3e cl., ex.]

406 — Le vieux puits à Seugy (Seine-et-Oise).

407 — Vallée de Montabey, près Chevreuse (Seine-et-Oise).

Sciot (Mlle Lucie), 54, rue de Chabrol, Paris.

408 — Étude de pensées.

Serres (Antony), 3, avenue de Custine, Saint-Gratien (Seine-et-Oise).

409 — Les enfants du village.
410 — Les suppliciés de Jérusalem.

Sichler (Léon), 16, rue de Seine, Paris. [Versailles, méd. d'argent.]

411 — Porteur de besace.

Signard (Claude), 9, rue La Condamine, Paris.

412 — Tenue de campagne.
413 — Roses mousseuses. (Voir à la sculpture.)

Simon (Ernest-Constant), 4, rue Coëtlogon, Paris. [Versailles, M. H.]

414 — Chevreuil (nature morte). (Voir aux dessins.)

Simonnet (Lucien), 8, rue de Ville-d'Avray, Sèvres.

415 — L'étang de Ville-d'Avray.
416 — Les cerises.

Smith (Mlle Madeleine), 4, rue Michelet, Paris.

417 — Vieille femme. (Voir aux dessins.)

Sollier (Eugène), Paris, 9, rue de la Grande-Chaumière. [Paris, sculpture, M. H. 1881-1884. — Versailles, peinture, 1re méd.; sculpt., prix du Salon.]

418 — Portrait de Mlle Juliette B...
419 — Un coin de parc aux environs de Creil. (Voir à la sculpture.)

Soulié (Mlle Marie), 25, boulevard de la Reine, Versailles.

420 — Au concert.

Taconet (Mlle Jeanne), 2, rue de Mouchy, Versailles. [Versailles, M. H.; méd. 2e cl. argent; méd. 1re cl. argent.]

421 — Anémones du midi.

422 — Avant les premières feuilles.

Tanguy (Eugène), rue de Humboldt, 25, Paris.

423 — Bas-Meudon.

Taupin (Alfred), à Lavarenne, 8, quai Saint-Hilaire (Seine). [Versailles, M. H.]

424 — Les Tamarins, île de Batz (Finistère).

425 — Bateaux de pêche à Concarneau.

Tauzin (Louis), 4, sentier des Pierres-Blanches, Bellevue (Seine-et-Oise). [Paris, M. H. — Versailles, méd. de 2e cl. 1885 et méd. de 1re cl. 1886.]

426 — La Seine au Bas-Meudon.

427 — Une ancienne carrière à Clamart. (Voir aux dessins.)

Thibaudeau (Julien), 85, rue Notre-Dame-des-Champs, Paris. [Paris, M. H.]

428 — Retour de la fontaine.

429 — Le tambour au village, souvenir de Pornic.

Thiollet (Alexandre), 16, rue de Chabrol, Paris. [Paris, M. H., méd. 3e cl. 1885; 2e cl. 1888; H. C.]

430 — Un coin de jardin.

Timmermans (Louis), 2, rue Aumont-Thiéville, Paris. [Versailles, 2e méd. 1886 ; 1re méd. d'argent 1887 ; rappel 1888.]

431 — Cadre à cinq panneaux.
N° 1. La Tamise à Londres (couchant).
N° 2. Gros temps. à Staithes (Angleterre).
N° 3. Le bassin à flot, Fécamp (matin).
N° 4. Un coin en Bretagne (Concarneau).
N° 5. Port de Caen (clair de lun).

432 — Honfleur (lever de lune). (Voir aux dessins.)

Torta (Tony), 57, quai Valmy, Paris.

433 — Un indiscret.

Trébuchet, née Housel (Mme Marie-Louise), 106, rue d'Assas, Paris.

434 — Pivoines.

Turner (Mlle Marguerite), 33, rue de Turin, Paris. — « Châlet des Marguerites », Chaville (S.-et-O.). [Versailles, 2e méd. d'arg.]

435 — Le dimanche.
436 — Au piano.

Umbricht (Honoré), 30, rue Lemercier, Paris. [Paris, méd. 3e cl.]

437 — Canard sauvage.
438 — Cerises.

Valloton (Félix-Edouard), 32, rue de Vaugirard, Paris. [Paris, M. H.]

439 — Le graveur, intérieur d'atelier.

Vauzanges (Louis-Marie), 66, boulevard des Batignolles, Paris.

440 — Un repas frugal.

441 — A la cuisine. (Voir aux dessins.)

Vavasseur (Eugène-Charles-Paul), 46, rue de Dunkerque, Paris, et 45, rue des Bourguignons, Bois-Colombes. [Versailles, méd. 2e cl. (1884), rappel (1888).]

442 — Un potiron.

443 — Souvenirs. (Voir aux dessins.)

Verschuur (Walter), 38, avenue de Malakoff, Paris.

444 — Port de Mouton.

445 — Cheval de chasseur.

Vianelli (Albert), 14, place Malesherbes, Paris.

446 — Les voisines. (Voir aux dessins.)

Vincendon (Mlle Berthe), Lamoncelle par Sedan (Ardennes).

447 — Chrysanthèmes.

448 — Panier de légumes.

Walden (Lionel), 18 *bis*, impasse du Maine, Paris. [Versailles, deux M. H.]

449 — Première prise après l'orage.

Weber (Alfred), 19, rue Auber, à Paris. [Versailles, M. H., méd. d'arg. 2e cl.]

450 — L'ami du pauvre.

451 — Tête de Zouave (pochade).

Weisser (Charles-Louis-Auguste), 49, boulevard Saint-Jacques, Paris.

452 — Jeux de modèles. (Voir aux dessins.)

Westfelt (Ingeborg de), Paris, 8, rue de la Grande-Chaumière.

453 — Matin.

Zamor (Emmanuel-Hubert), 15, rue Saint-Gilles, à Paris.

454 — La plaine de Boneuil.

DESSINS, PASTELS, AQUARELLES, ÉMAUX, PORCELAINES, FAIENCES ET MINIATURES

Adam (Gaston), 25, rue d'Ulm, à Paris; à Versailles, chez Mme de Boisserolle, 19, boulevard Saint-Antoine.

455 — Vue à Villefranche (Alpes-Maritimes). — Vieille masure. — La Tremellerie, à Saint-Privé (Yonne).

Allorge (Paul), 27, rue d'Angoulême, Paris. [Paris, M. H.]

456 — Pyramide de Malvoisine (Seine-et-Oise). Projet (un châssis d'architecture).

« L'académicien Picard en 1669 voulut, pour la première fois, étudier mathématiquement la forme de la terre et mesurer l'arc du méridien qui séparait Malvoisine de Sourdon près d'Amiens... Il serait à désirer qu'un monument commémoratif consacrât le souvenir d'un fait si intéressant pour la science et qui fait honneur à la France. »

(V. A. Malte Brun, *La France illustrée.*)

André (Mlle Jeanne), 4, boulevard d'Italie, Paris.

457 — L'Alsacienne, d'après Jean Benner (porcelaine).

458 — Portrait de M. A. (porcelaine).

Ariel (Mlle Jane), 11, rue Scribe.

459 — Panier de groseilles (aquarelle).
460 — Œillets (aquarelle).

Arosa (Mlle Marguerite), 5, rue Prony, Paris.

461 — Fileuse (pastel).

Assche (Mlle Marie van), 41, quai Bourbon, Paris.

462 — Panier d'azalées (aquarelle).
463 — Fleurs (aquarelle).

Avez-Délit (Mme Julie), 8, rue Damrémont, Paris.

464 — Le Serment d'amour (éventail sur vélin).
465 — Etude, d'après A. Serres (aquarelle).

Baladon (Mlle Eugénie), 162, boulevard du Montparnasse, Paris.

466 — Idylle, d'après James Bertrand (porcelaine).

Barberel (Mlle Mathilde), 160, rue Oberkampf, Paris.

467 — Chemin difficile, d'après Dupain (porcelaine).
468 — Portrait de ma sœur (porcelaine).

Baron (Mme Hélène), villa Sainte-Rose, petit Juas, Cannes (Alpes-Maritimes).

469 — Dinan, Bretagne (aquarelle).
470 — Traversant le gué (Crossing the brook), d'après J. W. Turner.

Bartrim (Victor), 51, avenue Victor-Hugo, Boulogne, et manufacture de Sèvres.

471 — La toilette. — (Porcelaine, application de pâtes sur pâtes, sur fond coloré, cuisson au grand feu.)

Baubry-Vaillant (Mme Marie-Adélaïde), 83, boulevard Gouvion-Saint-Cyr, porte Maillot, Paris. [Versailles, M. H., Méd. d'arg.]

472 — La sieste au Japon (souvenir de Yokohama), (pastel).

473 — Œillets et bluets (aquarelle).

Berria-Blanc (Mlle Béatrice), 7, villa Michel-Ange, Auteuil, Paris.

474 — Trois études (aquarelles).

Berthet (Mlle Claire), 24, rue Saint-Lazare, Paris.

475 — Aquarelle, d'après M. Valadon.

476 — Verveines (aquarelle).

Bézodis (Mlle Marie-Madeleine), 72 *bis*, rue d'Amsterdam, Paris.

477 — 2 Portraits (aquarelles).

478 — 2 Etudes (aquarelles).

Billiard (Victor-Edmond), 12, rue Lécluse (Batignolles-Paris).

479 — Etang de Saint-Cucufa (Seine-et-Oise). — Village de Gravigny (Eure), (aquarelles).

480 — Les ruelles de Gravigny (Eure). — Passerelle

sur l'Yerre à Combs-la-Ville (Seine-et-Marne). — Chemin à Saint-Cucufa (Seine-et-Oise). — Châtaigniers à l'Etang-la-Ville (Seine-et-Oise), (aquarelles).

Bisson de Récy (Mme Blanche), 10, avenue de Villiers, Paris.

481 — Portrait de Mme de *** (miniature).
482 — Portrait de Mlle Marie M. (miniature).
483 — Portrait, Fatma (porcelaine).

Biva (Henri), 72, rue du Château-d'Eau, Paris. [Versailles, Méd. et Rappel.]

484 — Roses de Nice et boule de neige (aquarelle).

Biva (Paul), 129, faubourg Saint-Denis, Paris.

485 — Renoncules (aquarelle).
486 — Anémones (aquarelle).

Bloch (Mlle Eugeny), 11, rue des Fossés-Saint-Jacques, Paris.

487 — Idylle d'après Andréotti (porcelaine).

Boillat (Mlle Lucie), rue du faubourg Poissonnière, 113, Paris.

488 — Miniatures (études gouache).

Bonnefoy (Adrien-Adolphe), 3, rue de Bretonvilliers, Paris.

489 — Les Roses (aquarelle).

Boris (Henri), 73, rue du Mont-Cenis, Montmartre.

490 — Les bords de la Charentonne, à Bernay (dessin à la plume).

Bourdilliat (Arthur), 2, boulevard Saint-Martin, Paris. [Versailles, M. H.]

491 — Aux bords de l'Isère (Dauphiné) (aquarelle).
492 — Une rue à Annecy (Haute-Savoie). — La vieille prison à Annecy (Haute-Savoie) (aquarelles).

Bouvié (Mlle Nathalie de), 1, rue de l'Orient, Versailles. [Versailles, deux M. H.]

493 — Louis XVII, d'après Mme Lebrun et d'après les vers de V. Hugo (aquarelle sur parchemin).

Brécy (Henry-Ernest), Boulogne-sur-Seine, boulevard de Strasbourg, 117.

494 — Portrait de Mlle J. B., et 2 plaques, sujets divers. (Porcelaine, pâtes blanches, rapportées sur porcelaine au grand feu de four).

Brun (Mlle Nelly), 155, rue du faubourg Saint-Honoré, Paris.

495 — Portrait de la princesse de Lamballe (miniature).

Burgkan (Mlle Berthe), 18, rue de Chabrol, Paris. [Paris, M. H.]

496 — Étude (pastel).

Carpentier (Mlle Madeleine), 48, rue de Dunkerque, Paris. [Versailles, M. H.]

497 — Tulipes (aquarelle).
498 — Cerises (aquarelle).

Célérier (Edouard-Emmanuel), 54, quai de Billy, Paris.

499 — Portrait de Mlle Geneviève S.

Clément (Armand-Lucien), rue Lacépède, 34, Paris.

500 — Drame dans la neige (fusain).

Collier (Eugène-Jules), 25, rue Humboldt.

501 — Tête de Christ, d'après Gustave Doré (eau-forte et burin).
502 — Christ portant la croix, d'après Gustave Doré (eau-forte et burin).

Collier (Paul), 25, rue Humboldt, Paris.

503 — Intérieur de forge, d'après M. X... (eau-forte).

Combes (Mlle Marie-Clémentine), 25, rue Lhomond, Paris.

504 — L'Hiver, d'après Félon (faïence).
505 — Paysage (faïence).

Gondé Gonzales (Mme Émilie-Catherine), 18, rue Brunel (Ternes), Paris.

506 — Étude (dessin).

Courtois (Edouard), lieutenant au 5e chasseurs d'Afrique, 2, rue Maurepas.

507 — Vues des environs d'Amélie-les-Bains (aquarelles).

Darien (Henry), 113, boulevard Saint-Michel, Paris. [Versailles, M. H., 1re Méd. d'arg.]

508 — Plage de Grand-Camp, Calvados (aquarelle).

509 — Parfums (pastel).

Delaistre (André), 26, rue des Écuries-d'Artois, Paris.

510 — Quatre aquarelles: Les Vaches Noires. — La falaise éboulée. — Une ferme. — Coup de vent dans le marais.

511 — Dans les bois de Versailles (aquarelle).

Desauty (Mlle Henriette), 41, rue Laffitte, Paris.

512 — Portrait de Georges M. (pastel).

Deschamps (Frédéric), impasse du Maine, 18, Paris.

513 — Le clocher de Thiézac (Cantal) (aquarelle).

514 — Une rue à Thiézac (aquarelle).

Dingeon-Beghin (Mme Gabrielle), rue Ledien, 34, Abbeville (Somme).

515 — Portrait de Mlle Camille B*** (porcelaine).

516 — Charlotte Corday, d'après Hugues Merle (porcelaine).

Dousset-Rugel (Mme Claire), 12, boulevard d'Enghien, Argenteuil (Seine-et-Oise).

517 — Portrait de mon frère (porcelaine).

Dukan (Mlle Lucy), 11, rue du Faubourg Poissonnière, Paris.

518 — Allée (bois d'Etennemare, Saint-Valéry-en-Caux) (aquarelle).

Dulout (Mlle Marie), 36, avenue Parmentier, Paris.

519 — Roses Trémières et soleils (aquarelle).

520 — Panier de Chrysanthèmes (aquarelle).

Dupuis (Mme Marguerite), 88, boulevard Richard-Lenoir, Paris.

521 — Portrait (miniature).

522 — Le poète Florentin, d'après Cabanel (aquarelle).

Dybowska (Mlle Emilie), 16, rue Rottembourg, Paris.

523 — Iris (aquarelle).

524 — Pensées (aquarelle).

Fauve (Mlle Blanche), 28, rue Turbigo, Paris.

525 — Environs de Paris (aquarelle).

526 — Paysage dans la Brie (aquarelle).

Favier (Pierre-Louis-Paul), Versailles, rue des Réservoirs, n° 1.

527 — Modèle de monument à la mémoire de Jean Houdon (architecture).

Feer (Mlle Ysabel), 145, boulevard Saint-Michel, Paris.

528 — Portrait de feu M. Jean Dussaud (dessin à la plume). (Voir à la sculpture.)

Ferrier (Mlle Marie-Thérèse de), 28, rue de Turin, Paris.

529 — Portrait de Mlle de F. (porcelaine).

530 — Portrait de Gabrielle d'Estrées (porcelaine).

Fleury (Mme Fanny), 37, rue Fontaine, Paris. [Paris, M. H.]

531 — Etude (pastel).

Flick (Auguste-Emile), rue de Lubeck, Paris.

532 — Roses et Lilas (aquarelle).

533 — Une bonne piste, chasseurs par un temps de neige (aquarelle).

Forges (J.), 18 *bis*, impasse du Maine, Paris. [Versailles, méd. de vermeil.]

534 — Environs d'Auray (4 aquarelles).

Fouqueray (Charles), 72, rue Notre Dame-des-Champs, Paris.

535 — Portrait de Mlle M. (pastel).

Gagé (Mlle Sophie), 9, rue Linné, Paris.

536 — Monsieur et Madame G. (porcelaine).

Gallet (Mme Louise), 23, rue Buffault, Paris.

537 — La première lettre d'amour, d'après Fontana (porcelaine).

Gardanne (Auguste), à Levallois-Perret (Seine), rue Poccard, 9.

538 — Le billet de logement (aquarelle).

539 — Un lancier (aquarelle).

Garnier (Mme Mathilde), 115, avenue de Villiers.

540 — Un éventail, étude de capucines et oiseaux, sur gaze (aquarelle).
541 — Une coupe biscuit, fleur Magnolias, cloisonné (faïence).
542 — Portrait de M. H... (porcelaine).
543 — L'amour blessé de Carpeaux (porcelaine, imitation marbre).

Garric (Mlle Fanny), avenue de la Tranchée, 9, Poitiers.

544 — Bouquet d'œillets (faïence).
545 — Fleurs des champs (tambourin, aquarelle).
546 — Fleurs de fuschia (tambourin, aquarelle).

Gauthier (Mlle Jeanne), 2, rue Corvetto, Paris.

547 — Tête de jeune fille (pastel).
548 — Étude (pastel).

Gautier (Mme Valérie), 7, rue Patou, Lille (Nord).

549 — Madame X... (pastel).

Gavin (Maximilien), 6, rue des Tournelles, à Versailles.

550 — Aristolochia, fleur d'après nature, des serres de l'École d'horticulture (aquarelle).
551 — Srelitzia, fleur d'après nature, faite dans la serre de l'exposant (aquarelle).

Gérard (Gaston), 6, rue du Val-de-Grâce, Paris.

552 — Fleur d'avril (aquarelle).

Gerderès (Mlle Jeanne), 36, rue Fontaine-au-Roi, Paris.

553 — Panier de raisins (aquarelle).

Girardier (Mlle Jeanne-Joséphine), 20, rue Saint-Ferdinand, Paris.

554 — La cruche cassée d'après Greuze (miniature).

Gontier (Mme Louise), 14, rue du Peintre-Lebrun, Versailles.

555 — Fleurs (aquarelle).

Gosselin (Mlle Gabrielle), Palais de Versailles. [Versailles, M. H.]

556 — Étude (pastel).

Goutard (Léonce), 17, rue Henri-Regnault, Paris.

557 — Le Printemps (pastel).
558 — L'Automne (pastel).
559 — Buse et bouvreuils (gouache).
560 — Eperviers et roses (gouache).

Gouy (Mlle Jeanne), aux Bruyères, à Croissy, Seine-et-Oise.

561 — Etude (pastel).

Grison (Mlle Marguerite), 2, rue du Faubourg-St-Antoine, Paris.

562 — Portrait de M. Ed. G. (porcelaine).

Groszer (Mlle Apolline), rue Montebello, à Versailles. [Versailles, deux M. H.]

563 — 6 vues d'Oyestreham (aquarelles).

Guérin (Mlle Marie), 59, rue de Chaillot, Paris. [Versailles, méd. d'arg.]

564 — Fillette Louis XV (pastel).
565 — Rêveuse (pastel).

Guion (Mlle Anna), 50, rue des Gravilliers, Paris.

566 — Eventail, d'après Boucher (gouache).

Haus (Léon), 39, rue de la Tour-d'Auvergne, Paris.

567 — Bords de la Seine, à Triel (pastel).

Herman (Mlle Louise), 69, rue de Rome, Paris. [Versailles, deux M. H.]

568 — Peinture à l'huile (aquarelle).
569 — Panier de fleurs (aquarelle).

Hervy (Georges), 7, rue de La Condamine, Paris.

570 — Roses (aquarelle).
571 — Capucines (aquarelle).

Heuguet (Mlle Maria), 4, rue de la Paroisse, Versailles.

572 — Roses des haies (plat Barbotine).

Hitz (Mlle Dora), 15, impasse Hélène, Paris.

573 — Soleil (aquarelle).
574 — L'attente (aquarelle).

Homo (Alexandre), 2, cité Gaillard, Paris.

575 — Le château de Vitré (aquarelle).
576 — Le Palais de Justice à Paris (aquarelle).

Imbert (Mlle Lucy), à Bordeaux, 7, rue Huguerie.

577 — Pêches et raisins (pastel).

Jacquemard (Mlle Marie), 36, avenue de St-Cloud, Versailles. [Versailles, M. H., 2e méd. d'arg.]

578 — Portrait du docteur Védrine (min. ivoire).
579 — En voulez-vous? (d'après John Russell) (miniature).

Jacta-Dumont (Mme Lucie), 4, boulevard St-Michel, Paris. [Versailles, méd. 1re cl.]

580 — Mignon (miniature).

Jouas (Charles), 5, rue Bara, Paris.

581 — Un bassin au Havre (aquarelle).

Klumpke (Mlle Anna-Élizabeth), 90, rue d'Assas, Paris. [Paris, M. H.]

582 — Jeune fille de la Picardie (pastel).
583 — La lecture (pastel).

Labbé (Mlle Lucile), 40, Grande rue, Sèvres (Seine-et-Oise).

584 — Le nouveau-né, d'après Bouguereau (porcelaine).

Lacaille (Félix-Jules), 3, imp. Camus, Paris.

585 — La tarentule (aquarelle).

Landmann (Léon), 34, rue Neuve, Versailles.

586 — 4 aquarelles (paysages) en un seul cadre.

Langlois (Charles-Alexis), 38, rue de l'Arbalète, Paris. [Versailles, M. II.]

587 — Projet de villa (architecture).

Lapène (Mlle Marie), 1 *bis*, rue Descombes, Paris-Ternes. [Versailles, méd. d'argent 2e cl.]

588 — Pivoines (faïence).

Lavaill (Mlle Marguerite), rue Le Goff.

589 — Gravure sur bois.

Lavigne (Edmond-Édouard), 156, rue du Faubourg-Saint-Martin, Paris.

590 — Les Saisons (émail).

Leblanc (Jules-René), au Musée du Louvre.

591 — Un cadre de deux aquarelles : 1° la calle Mayor à Fontarabie ; 2° la plage de Biarritz à l'heure du bain.

592 — Un cadre de quatre aquarelles : 1° l'Exposition prise du pont de la Concorde ; 2° vue prise du pont des Arts ; 3° le pavillon de Flore (soleil couchant) ; 4° l'écluse de la Monnaie.

Leblanc (Lucien-Jules), 69, rue de Dunkerque, Paris. [Versailles, méd. de bronze (aquar.).]

593 — Photographies du pavillon des Forêts construit au Trocadéro par M. Lucien Leblanc, architecte du gouvernement et des sections russes à l'Exposition universelle de 1889 (architecture).

Leiser (Mlle Emma), 12, passage Nollet, Paris-Batignolles.

594 — Italienne, étude (pastel).

Leras (Mlle Hélène), 12, avenue de Paris, Versailles.

595 — Azalées, plat coupe (faïence).

Leroux (Albert-Constantin), 15, impasse Hélène (avenue de Clichy), Paris.

596 — Un poulet (aquarelle).

Le Roy (Henri); 53, rue de Satory, Versailles. [Versailles, M. H., méd. de 2e cl., rapp. de méd.]

597 — Vues du Parc de Versailles (dessins).
598 — Vues du Parc de Versailles (dessins).

Le Sage (Mlle Gabrielle), 46, rue de Larochefoucauld, Paris.

599 — Rue de l'Huilerie, à Châteaudun (aquarelle).

Leteurte (E.), 5, rue Guénégaud, Paris. [Versailles, 2e méd. d'arg.]

600 — Paris au pont de la Concorde (aquarelle).

Le Villain (Auguste-Ernest), 30, rue Alphonse-de-Neuville, Paris. [Paris, M. H., Versailles, M. H.]

601 — Coquelicots (aquarelle).

Liard (Augustin), Etampes, rue de la Plâtrerie. [Versailles, M. H.]

602 — Le matin (aquarelle).
603 — Le soir (aquarelle).

Loghadès (Mme Léonie de), 40, rue du Général Foy, Paris. [Versailles, 2e et 1re méd. d'arg.]

604 — Mlle de Blois (d'après Mignard) (pastel).
605 — Une Parisienne (pastel).

Manceau (Mlle Clémence), 20, rue Saint-Vincent-de-Paul, Paris.

606 — Œillets (aquarelle).
607 — Vase de roses (aquarelle).

Maréchal (Gabriel-Ernest), 219, rue Saint-Honoré, Paris — rue des Jardinets, Poissy (Seine-et-Oise).

608 — Aquarelle.
609 — Aquarelle.

Mariage (Mme Marie), 27, boulev. Henri IV, Paris.

610 — L'Aurore d'après Delaplanche, grisaille (porcelaine).

611 — Une marine, d'après Appian (faïence).

Mariage (Maurice-Aimé-Charles), 27, boulevard Henri IV, Paris.

612 — Un dessin à la plume, d'après G. Doré.

613 — Un dessin d'après Meissonier.

Méry (Paul), 24, rue Véron, Paris.

614 — Après l'inondation (gouache).

Meunier (Georges), rue de la Paroisse, 52, Versailles.

615 — Croquis et dessins d'illustration (dessins, plume et lavis).

Molin (Mlle Anna), 42, rue du Mont-Parnasse, Paris.

616 — La jeune mère (porcelaine).

Morel (Hippolyte), Rueil, 28, avenue du Chemin-de-Fer.

617 — La baie des Trépassés (fusain).

Munch (Louis-Jacques), 11, place Pigalle, Paris.

618 — La Seine à Carrières (aquarelle).

Nautré (Mlle André), 324, rue Saint-Honoré, Paris.

619 — Un matin dans l'île Saint-Germain (Seine) (aquarelle).

620 — Au Bas-Meudon, Seine (aquarelle).

Oltramare (Mlle Eugénie), 37, rue Saint-Ferdinand (Etoile).

621 — Portrait de l'auteur (porcelaine).

622 — Convoitise (faïence).

Oudry (Gustave), 52, rue Satory, Versailles; [Versailles, méd. de 2e cl.]

623 — Parc de Noisy-le-Grand, Seine-et-Oise (aquarelle).

624 — L'allée (aquarelle).

Pahier (Mlle Héloïse), 5, rue Eugène-Delacroix, Passy-Paris.

625 — Pêcheuse (porcelaine).

626 — Floréal, d'après Raphaël Collin (porcelaine).

Pélissié (Mme Anna), 15, rue du Colisée, Paris.

627 — Japonaise, fleur de lotus (pastel).

Pératé (Mme Adélaïde-Charlotte-Teresa), Paris, 44, rue Delaborde.

628 — Roses trémières (aquarelle).

Perrier (Mlle Aline), rue Victor-Hugo, 8, Colombes.

629 — Idylle (aquarelle).

Perrin (Mlle Léonie), 41, rue des Martyrs, Paris.

630 — Tulipes (aquarelle).
631 — Groupe d'oiseaux (aquarelle).

Perrissoud (Mlle Désirée), 43, boulevard Voltaire, Paris.

632 — Naissance de Vénus, d'après Bouguereau (porcelaine).
633 — Pierrot, d'après Comerre (porcelaine).

Peslouan (Mme Marthe de), rue des Chantiers, 17, Versailles. [Versailles. 2e méd. d'arg., 1re méd. d'arg.]

634 — Portrait de Mlle C. (pastel).

Pihan (Ferdinand), à Marnes-la-Coquette.

635 — Dessus de Billot (étude).
636 — Fleurs d'Orchidées (éventail).

Poileux (Mme Edwige), 16, rue Rottembourg, Paris.

637 — Lilas (gouache).
638 — Aubépines (éventail gouache).

Poisson (Mlle Léonide), 21, rue de Maurepas, Versailles.

639 — Pot de violettes de Parme (aquarelle).
640 — Eventail (aquarelle).

Pradelles (Mlle Eva), 34, rue du Pont de la Mousque, Bordeaux.

641 — Bords de la Dordogne (aquarelle).

Prevot-Valeri (Auguste), 6, rue Aumont-Thiéville, Paris. [Paris, M. H.]

642 — Le savetier du village (aquarelle).
643 — Moutons (gouache).

Prieur (Mme Marie), 18, rue de la Mairie, Boulogne-sur-Seine.

644 — Etude de fleurs (gouache).

Prodhomme (Ferdinand), rue de la Paroisse, 71, Versailles.

645 — Vues du château et du parc de Versailles (dessins).
646 — Vues de Trianon (dessins).

Raissignier (Emile-Paul), 13, rue Le Verrier, Paris.

647 — Le quai de l'Archevêché, Paris (aquarelle).

Ramé (Achille-Alexis), 19, rue Berlioz, Paris.

648 — Espérant des jours meilleurs. — Les beaux jours sont passés (gravures à l'eau-forte).

Rathouis (Arthur), 122, avenue de Wagram, Paris.

649 — Le chemin de la Renaudière (Préfailles, Loire-Inférieure) (aquarelle).

Richard (Edmond-Camille), 8, rue Vavin, Paris.

650 — Vue prise à Villiers-Saint-Frédéric (Seine-et-Oise) (aquarelle).

Rideau-Paulet (Mlle Marie-Théléka), Paris, 17, rue Puteaux.

651 — Salomé, d'après Regnault (porcelaine).

652 — Roses Trémières (aquarelle).

Roch (Mlle Anna), 11, rue des Ecuries-d'Artois, Paris.

653 — Paysage, d'après Both d'Italie. Musée du Louvre (porcelaine).

Roch (Mlle Lucy), 11, rue des Ecuries-d'Artois, Paris.

654 — La femme du matelot, d'après Haquette (porcelaine).

Roullet (Gaston), 31, rue de Lille, Paris. [Versailles, méd. d'arg.]

655 — Une rue d'Isola, près de Trieste (Autriche), (aquarelle).

656 — Pêcherie de saumons, réserve des Indiens (Canada) (aquarelle).

Sadoux (   ), 82, rue des Martyrs, à Paris ; — 9, rue Satory, Versailles.

657 — Eaux-fortes de Versailles et Trianon.

Saint (Mlle Anne-Louise), rue Gay-Lussac, 66, à Paris.

658 — Tête d'homme, d'après Rembrandt (faïence).
659 — Marine (faïence).

Salard (Mme Céline), avenue de la Grande-Armée, 72, Paris.

660 — Roses (aquarelle).
661 — Narcisses et giroflées (aquarelle).

Schiffmacher (Mlle Annette), 12, rue Guersant, Paris.

662 — Portrait, Roi de Rome (miniature).
663 — Portrait, Mme Royale (miniature).

Schlaich (Alfred), 7, rue Massue, à Vincennes (Seine).

664 — Rue Royale, vue du péristyle de la Madeleine (pastel).
665 — Port de la Rapée, Paris (pastel).

Serval (Maurice), Versailles, 14, rue Albert-Joly.

666 — Vue aux environs de Douai (Nord) (aquarelle).
667 — Vue du moulin de la Galette, à Montmartre (aquarelle).

Simon (Ernest-Constant), 4, rue Coëtlogon, Paris. [Versailles, M. H.]

668 — Etude de charrue (aquarelle).

669 — L'étang de Bouillon, à Jallonville (Manche) (aquarelle).

Smith (Mlle Madeleine), 4, rue Michelet, Paris.

670 — Etude (pastel).

Stevens (Mlle Edith-Dora), 14, rue des Réservoirs, Versailles. [Versailles, M. H.]

671 — Fleurs de pommier (terre cuite).

Talagrand (Jean-Louis), boulevard Montparnasse, 79, Paris.

672 — Partie du foyer de l'Opéra-Comique (incendié le 25 mai 1887) (aquarelle).

673 — Galerie de la Cour des Comptes (ruines) (aquarelle).

Tauzin (Louis), 4, sentier des Pierres-Blanches, Bellevue (Seine-et-Oise). [Paris, M. H., Versailles, méd. 2e et 1re cl.]

674 — Au bord de la mer (éventail sur velin) (dessin à la plume).

Timmermans (Louis), 2, rue Aumont-Thiéville, Paris. [Versailles, 2e méd., 1re méd. d'arg., rappel.]

675 — La Seine à Rouen, matin (aquarelle).

676 — Le port de Rouen, couchant (aquarelle).

Touchemolin (Charles-Alfred), 52, rue Albert-Joly, Versailles.

677 — Croates et Pandours, campagne de 1744, en Alsace (dessin rehaussé d'aquarelle).

Turquel (Mlle Mathilde), 61, quai Valmy, Paris.

678 — La Joconde, d'après Léonard de Vinci (pastel).

Vaucanu (Emile), 30, rue du Cherche-Midi, Paris.

679 — Portrait de Chevreul, d'après nature (dessin).
680 — Trois gravures (salon 1887).
681 — Six eaux-fortes originales : Maison à Vimoutiers (Orne). — Basse-cour. — Le Repos. — Faucheur. — Chiffonnière. — La Charité.

Vauzanges (Louis-Marie), 66, boulevard des Batignolles, Paris.

682 — Bourriche de pensées (aquarelle).

Vavasseur (Eugène-Charles-Paul), 46, rue de Dunkerque, Paris, et 45, rue des Bourguignons, Bois-Colombes. [Versailles, méd. 2e cl., rappel.]

683 — Attendant la pratique (dessin).

Vianelli (Albert), 14, place Malesherbes, Paris.

684 — Un canal à Venise (aquarelle).

Wagrez (Mlle Marie), 43, quai Bourbon, Paris.

685 — Saint Jean (aquarelle).

Weisser (Charles-Louis-Auguste), 49, boulevard Saint-Jacques, Paris.

686 — Saintété (pastel).

Willms (Albert), 11, route de Champigny, Chennevières-sur-Marne (Seine-et-Oise).

687 — Relais volant (aquarelle).

Wira (Gaston).

688 — Cours publics (3 châssis d'architecture).

Yung (Victor-Adolphe), 218, boulevard Raspail, Paris.

689 — Étude (dessin).

SCULPTURE

Ancillotti (Torello), 66, rue Pigalle, Paris.
690 — Spahis mourant (buste, terre cuite).

Bénet (Eugène-Paul), 81, boulevard Montparnasse, Paris. [Paris, M. H. — Versailles, méd. d'arg., méd. de vermeil.]
691 — M. G. Bornier (buste, plâtre teinté).
692 — Mme E. (médaillon plâtre).

Bloch (Mme Elisa), 42, rue Jouffroy, Paris. [Versailles, Méd.]
693 — Mlle d'A., jeune Parisienne, portrait (buste plâtre).
694 — M. Aristide Boucicaut, fondateur des Magasins du *Bon Marché*, portrait (buste plâtre teinté).

Hommage à la Maison de Vieillards de Fontenay-aux-Roses.

Certowicz (Tolla), 1, rue de la Grande-Chaumière, Paris.
695 — Mme U. N., portrait (médaillon marbre).

Chatrousse (Émile), 253, boulevard d'Enfer, Paris. [Paris, méd. 1863, 1864 et 1865, ✻. — Versailles, diplôme d'honneur.]
696 — La Madeleine, statuette (terre cuite).

Feer (Mlle Ysabel), 145, boulevard Saint-Michel, Paris.

697 — Portrait de Mme la comtesse M. d'E., médaillon (terre cuite).

Hayet-Piault (Mlle Berthe), 2, sentier des Tybilles, Bellevue (Seine-et-Oise). [Versailles, M. H.]

698 — Un buste plâtre.

Hennequin (Gustave), 20, rue Guersant, Paris.

699 — M. Ravaisson (Félix), membre de l'Institut (buste plâtre).
700 — Portrait de M. de Lesseps (plâtre).
701 — Portrait de M. Berson (bronze).

Loiseau-Rousseau (Paul), 28, rue Notre-Dame-des-Champs, Paris. [Versailles, M. H.]

702 — L'étoile (statue plâtre).
703 — Colombine (statuette plâtre).

Lottin (Frédéric-A.), 119, avenue Malakoff, Passy-Paris.

704 — Portrait de Mme L. (médaillon plâtre).

Monségur (Alexandre), 75, rue de l'abbé Groult.

705 — Le colonel Denfert, défenseur de Belfort (médaillon bronze).

Savine (Léopold), 43, rue Victor-Massé, Paris.

706 — Portrait de Mme A. R. (marbre).

707 — Tête d'enfant (terre cuite, original).

Signard (Claude), 9, rue La Condamine, Paris.

708 — Portrait de Martin Nadaud, député de la Creuse (buste, bronze).

Sollier (Eugène), 9, rue de la Grande-Chaumière, Paris. [Paris : sculpture; M. H. 1881-1884 —Versailles: peinture: 1re méd.; sculpture : prix du salon.]

709 — Modèle 1/2 grandeur d'un médaillon faisant partie d'un monument érigé à Draveil (Seine-et-Oise), à la mémoire du dr Rouffy (plâtre).

VERSAILLES. — IMPRIMERIE CERF ET FILS, 59, RUE DUPLESSIS.

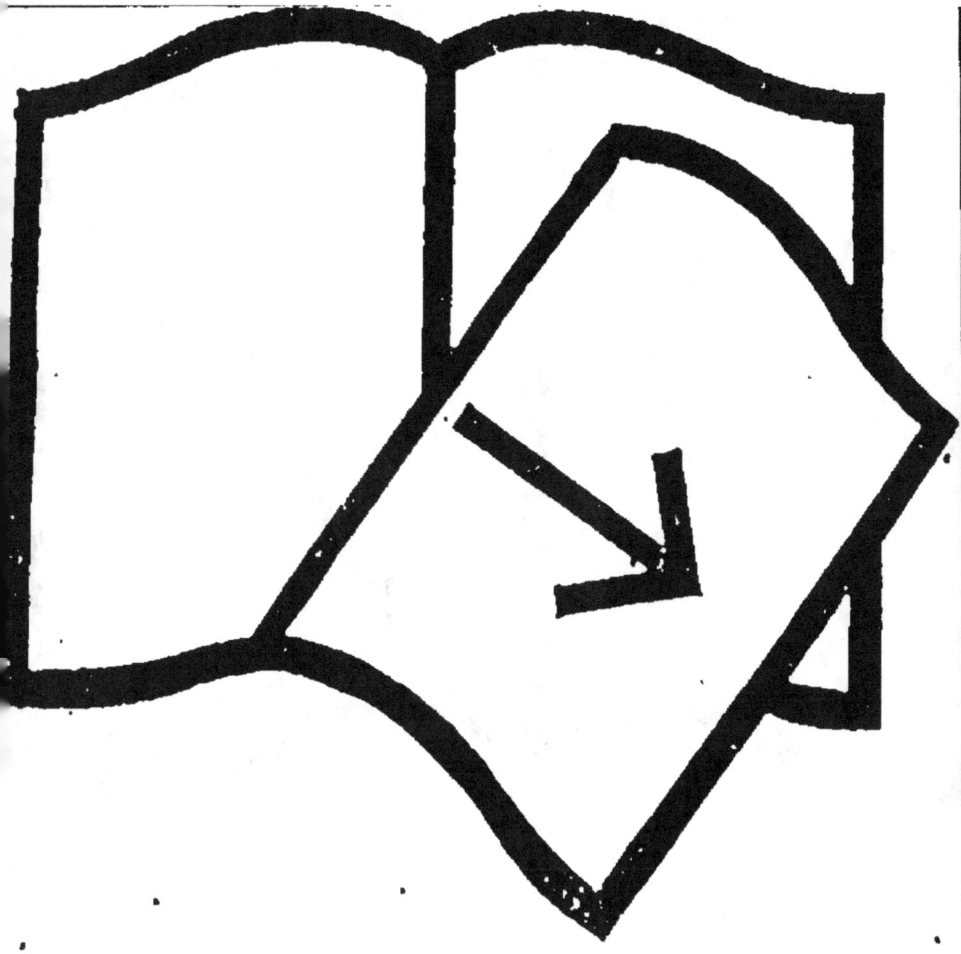

Documents manquants (pages, cahiers...)

NF Z 43-120-13

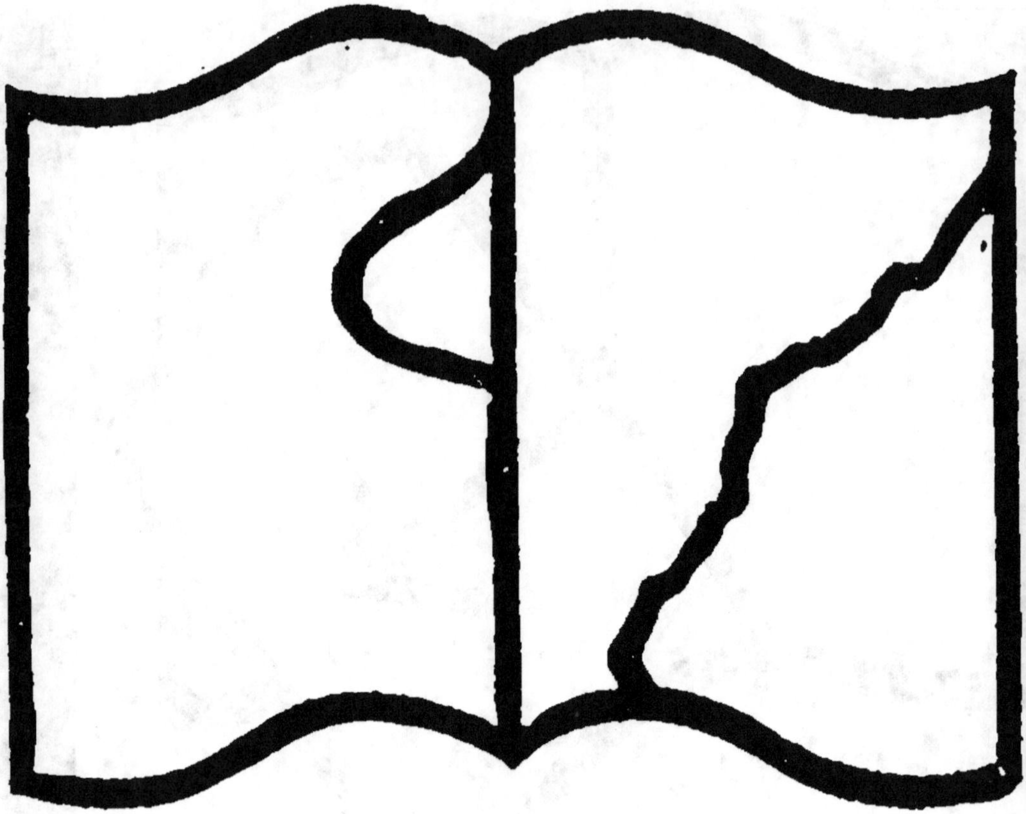

Texte détérioré — reliure défectueuse

NF Z 43-120-11

www.ingramcontent.com/pod-product-compliance
Lightning Source LLC
Chambersburg PA
CBHW071419220526
45469CB00004B/1341
9782012648821